Este libro pertenece a:

Rommel Robles

LIBROS PARA COLOREAR PARA TODOS

¡Gracias por comprar nuestro libro para colorear!

Esperamos que tengas una experiencia divertida y relajante al colorear.

Todos los que trabajaron en este libro agradecen su apoyo.

RIP

R.I.P.

RIP

RIP

RIP

R.I.P.

RIP

RIP
R.I.P.

RIP

R.I.P

¡Gracias por colorear con nosotros!

Si tú y tus pequeños artistas han disfrutado de las páginas de este libro,
nos gustaría saberlo. me encantaría si pudieras tomarte un momento para
dejar una reseña en Amazon.

Y así permitirían que más familias descubran la alegría de colorear juntos.

¡Cada estrella cuenta y apreciamos tu tiempo y tu apoyo!

Con cariño,

Rommel Robles